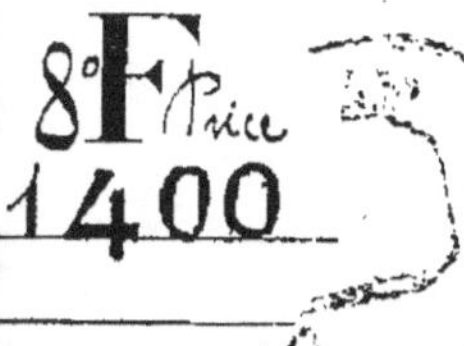

MANUEL

DES

FORMALITÉS ADMINISTRATIVES

A REMPLIR

Pour Legs, Donations, Acquisitions d'immeubles ou de R[illegible]s,

Emprunts, Travaux, etc.

PAR

M. l'Abbé F. PICHON

Chanoine, Secrétaire de l'Évêché du Mans

LE MANS

EDMOND MONNOYER, Imprimeur-Éditeur

12, PLACE DES JACOBINS, 12.

—

1888

MANUEL

DES

FORMALITÉS ADMINISTRATIVES

A REMPLIR

Pour Legs, Donations, Acquisitions d'immeubles ou de Rentes, Emprunts, Travaux, etc.

PAR

M. l'Abbé F. PICHON

Chanoine, Secrétaire de l'Évêché du Mans

LE MANS

EDMOND MONNOYER, IMPRIMEUR-ÉDITEUR

12, PLACE DES JACOBINS, 12.

1888

PRÉFACE

Les formalités administratives que les fabriques ou autres établissements publics ont à remplir, pour obtenir de l'État l'autorisation d'accepter les legs ou donations, sont assez compliquées ; et nous savons par expérience quels embarras elles causent à ceux qui les subissent et qui presque toujours en ont peu l'habitude. Il en est de même pour l'instruction des demandes faites pour ventes et acquisitions d'immeubles ou de rentes sur l'État, pour emprunts et pour travaux à entreprendre dans la restauration ou la reconstruction des églises et des presbytères.

Nous avons donc pensé que nous rendrions quelque service, surtout à MM. les Curés, plus souvent obligés que personne à remplir ces formalités, non seulement en faisant connaître les pièces à fournir pour chaque affaire, mais encore en donnant des indica-

tions sommaires pour leur rédaction, et quelques modèles pour celles qui sont moins connues.

Ces formalités administratives changent quelquefois; nous indiquons, aussi exactement qu'il nous a été possible de le faire, celles qui sont présentement exigées.

FORMALITÉS ADMINISTRATIVES

I — OBSERVATIONS COMMUNES A TOUTES LES AFFAIRES A INSTRUIRE

1° La délibération du Conseil de fabrique, en double exemplaire, est toujours sur papier libre. Elle est une copie exacte et intégrale du registre des délibérations, et elle n'a pas besoin d'être signée par tous les fabriciens, mais seulement, pour copie conforme, par le président ou par le secrétaire.

On doit établir soigneusement, en tête, les noms et prénoms des membres qui ont pris part à la réunion, et à la fin il faut noter par qui le registre est signé.

2° Les copies du budget ou du compte de la Fabrique, que l'on doit produire au dossier, doivent être faites sur les nouvelles formules indiquées par le Ministère des cultes.

On ne doit jamais se dessaisir de l'original du compte ou du budget approuvés par Monseigneur l'évêque. La copie à fournir doit être intégrale, c'est-à-dire qu'on doit remplir toutes les colonnes et indiquer toutes les signatures, soit celles du Bureau, soit celles du Conseil de fabrique, soit enfin celle du vicaire général qui a approuvé les compte et budget.

L'état du personnel du Conseil de fabrique ou du Bureau des marguilliers, qui se trouve en tête des nouvelles formules de budget, doit être établi avec soin. On ne doit pas oublier que la jurisprudence du Conseil d'État et du Ministère des cultes, s'oppose à ce que le curé soit président du Bureau des marguilliers ou du Conseil de fabrique.

3° La copie authentique du décret autorisant l'acceptation d'un legs ou d'une donation doit presque toujours être remise au notaire qui l'annexe à l'acte de délivrance du legs ou à l'acte d'acceptation de la donation.

Souvent, cependant, cette même copie sera nécessaire au trésorier de la fabrique pour opérer le placement d'un capital en acquisition de rentes sur l'État.

On peut toujours réclamer une nouvelle expédition à la Préfecture ; mais cette copie n'est plus délivrée sans frais.

Pour les éviter, avant de remettre au notaire la copie authentique qu'on a reçue, il convient de la transcrire intégralement sur le registre des délibérations de la Fabrique. Une seconde copie faite avec soin, mais *sans mention de copie conforme*, pourra être transmise à l'Évêché. L'autorité diocésaine a qualité pour certifier conforme et rendre authentique cette copie qui servira pour opérer le placement sur l'État.

4° Les Fabriques du diocèse du Mans n'avaient pas l'habitude de déposer chaque année à la mairie un exemplaire du dernier compte rendu, comme le prescrit l'article 89 du décret du 30 décembre 1809. La Préfecture de la Sarthe exige, dans tout dossier qui lui est envoyé, le certificat par le maire de dépôt de ce compte de la Fabrique.

5° Par la nouvelle loi municipale du 5 avril 1884 (1), les Fabriques sont mises sous la dépendance du Conseil municipal : on exige donc l'avis de ce conseil dans toutes les affaires qui intéressent les Fabriques.

Le Conseil de fabrique peut provoquer directement cet avis en remettant le dossier à l'administration municipale ; ou, s'il a quelques raisons pour agir autrement, envoyer à l'Évêché le dossier qui sera transmis à la Préfecture. Le Préfet invitera le Conseil municipal à donner son avis.

II — DONATIONS (2)

Pièces à produire pour obtenir l'autorisation d'accepter une donation :

1° Copie par le notaire, sur papier timbré, de l'acte de donation.

(1) Art. 70 § 5 : Les Conseils municipaux donnent leur avis sur les comptes et budgets des fabriques, sur les demandes d'acquérir, d'aliéner, d'emprunter, d'échanger, de plaider, de transiger, et sur l'acceptation des legs et donations.

(2) Les donations faites avec réserve d'usufruit au profit du donateur ne sont point autorisées. — Article 4 de l'Ordonnance royale du 14 janvier 1831. Mais le donateur peut stipuler cette réserve d'usufruit au profit d'un tiers.

2° **Seconde copie du même acte, sur papier libre.**

3° **Certificat de vie du donateur.**

Ce certificat est toujours exigé, fut-il de la même date que l'acte même de donation. Il est délivré par le maire du domicile du donateur, sur papier timbré de 0 fr. 60. Le notaire pourrait aussi le donner; mais les frais seraient un peu élevés, à cause de l'obligation de faire enregistrer cet acte du notaire.

4° **Renseignements sur la position de fortune du donateur et sur celle de ses héritiers présomptifs.**

Ces renseignements doivent être donnés par la Fabrique; mais ordinairement l'administration ne s'en contente pas, et s'adresse à l'autorité municipale pour obtenir les mêmes renseignements, et de plus les causes qui ont déterminé le donateur à faire sa libéralité.

5° **Estimation de l'objet donné, sur papier timbré.**

Voir ce que nous disons à ce sujet à l'article Legs.

6° **Délibération du Conseil de fabrique.**

Cette délibération, sur papier libre, doit être en double expédition. Elle doit rappeler, sommairement mais complètement, les charges et conditions de la donation, les avantages qui en résultent pour la Fabrique, et demander l'autorisation d'accepter le don; et s'il s'agit d'un capital, d'en faire emploi en acquisition de rentes sur l'État.

Le Gouvernement n'autorise aujourd'hui les legs ou dons d'immeubles qu'à la condition de la vente immédiate de ces immeubles, et de l'emploi du produit de cette vente en acquisition de rentes sur l'État.

Par conséquent, si le don consiste en un immeuble, la Fabrique, en l'acceptant, devra demander à le vendre. Si elle croit devoir le conserver en nature, la délibération fera valoir toutes les raisons qu'elle allègue pour obtenir une exception.

7° **Copie du budget de la fabrique pour l'exercice courant.**

8° **Certificat de dépôt, à la mairie, du dernier compte rendu de la Fabrique.**

9° **État de fondations religieuses qui existent déjà dans l'église,** si la donation est faite à charge de messes, etc.

10° **État indiquant le nombre et la qualité des prêtres** attachés à la dite église.

11° **Avis du Conseil municipal.**

ACCEPTATION DES DONATIONS

Les donations entre vifs n'ayant leur effet qu'après l'acceptation définitive, le trésorier doit, aussitôt après avoir reçu la copie authentique du décret ou de l'arrêté préfectoral qui autorise cette acceptation, la remettre au notaire qui a reçu l'acte, et s'entendre avec le donateur pour fixer le jour de la formalité essentielle de l'acceptation.

1° L'acceptation doit être faite par acte notarié : si le donateur est présent et signe l'acte, la donation est définitive.

2° Si le donateur ne pouvait pas se présenter chez le notaire, on devrait lui faire signifier l'acceptation, conformément à l'article 932 du code civil.

Ces formalités sont essentielles : et, si le donateur mourait avant leur accomplissement, l'acte de donation serait nul. Ce cas s'est présenté plusieurs fois ; et, même après plusieurs années de jouissance, des fabriques ont été dépouillées d'immeubles qui leur avaient été donnés, mais dont l'acceptation régulière n'avait pas eu lieu pendant la vie du donateur.

III — CONTRAT COMMUTATIF, OU A TITRE ONÉREUX

Ce contrat est défini par le Code civil, article 1104 : « *Il est commutatif lorsque chacune des parties s'en-* « *gage à donner ou à faire une chose qui est regardée* « *comme l'équivalent de ce qu'on lui donne ou de ce qu'on* « *fait pour elle.* »

Ce contrat est beaucoup plus avantageux que les donations proprement dites, quand il s'agit de fondations religieuses.

1° Un notaire peut le rédiger; mais il peut être fait aussi sous seings privés, toutes les fois que le donateur ne se trouve pas dans l'impossibilité de concourir par sa signature à la perfection du contrat; et l'on évite dans ce cas le droit fixe de 3 fr. 75 qui est toujours perçu sur les actes notariés devant être produits au Gouvernement en vue de l'autorisation qu'il est appelé à délivrer.

2° Les droits à payer ne sont que de 1 fr. 25 pour °/₀ (décimes compris) au lieu du droit de donation de 11 fr. 25 pour °/₀ auquel donnent lieu le plus souvent les actes notariés de fondations, lorsqu'ils sont dressés, sans l'observation de certaines précautions indispensables, dans la forme de donations entre vifs.

On peut n'offrir pour le service demandé que la somme déterminée par le tarif diocésain. Mais l'offre d'un capital supérieur n'empêchera pas le contrat de rester commutatif. Le fondateur peut, en effet, désirer que les services qu'il demande ne soient pas réduits dans un temps trop rapproché. Il ne peut ignorer que les rentes sur l'État sont exposées à de fréquentes réductions, et que, par suite de la dépréciation monétaire, l'autorité diocésaine se trouve de temps en temps dans l'obligation d'augmenter le tarif des oblations. Lorsque, par suite de cette double cause, les revenus d'une fondation ne suffisent plus pour acquitter les charges, la Fabrique est en droit, suivant les dispositions de l'article 29 du décret du 30 décembre 1809, de demander une réduction, qui lui est accordée par l'évêque diocésain.

Nous donnons plus loin un modèle de l'acte sous seings privés qui peut être passé entre la Fabrique et le fondateur. Il convient que cet acte soit en triple minute, l'une restant entre les mains du fondateur, la seconde étant remise à la fabrique et la troisième produite pour obtenir l'autorisation de l'État.

Voici l'énumération des pièces à fournir :

1° **Traité synallagmatique.**

2° **Certificat de vie du fondateur.**

L'administration des Cultes exige les mêmes formalités

que pour les les donations entre vifs. C'est pour cela que nous ne pensons pas qu'on voulût autoriser une réserve d'usufruit au profit du fondateur, bien que l'ordonnance du 14 janvier 1831, qui prohibe cette réserve, ne parle que des *donations solennelles*.

3° **Délibération du Conseil de fabrique**, en double exemplaire. Régulièrement il faut une double délibération : la première pour autoriser le trésorier à accepter les propositions qui ont été faites et à stipuler au nom de la Fabrique; la seconde pour demander à l'État de vouloir bien autoriser le contrat passé entre le fondateur et le trésorier de la fabrique.

4° **Copie du budget de la fabrique pour l'annèe courante.**

5° **Certificat du dépôt à la mairie du dernier compte rendu.**

6° **État des fondations religieuses qui existent déjà dans l'église.**

7° **État du personnel du clergé.**

8° **Tarif du diocèse.**

9° **Avis du Conseil municipal.**

IV — CURES : DONS ET LEGS EN FAVEUR DES CURES OU SUCCURSALES.

Le Gouvernement n'autorise point aujourd'hui les dons ou legs faits aux Cures à charge de distribution d'aumônes aux pauvres; mais rien ne s'oppose à ce que des libéralités soient faites aux curés ou desservants, même à charge de services religieux, pour augmenter leurs ressources personnelles et au profit de ce qu'en terme du droit on appelle la *Mense curiale*.

Les formalités à remplir sont celles que nous avons indiquées aux articles *Donations* et *Legs*; mais le Conseil de fabrique n'a, par une délibération régulière, qu'à accepter le bénéfice résultant du legs ou de la donation, quand il y a charge de services religieux.

C'est le curé qui doit formuler, en son nom et au nom

de ses successeurs, l'acceptation de la libéralité ; et il doit produire un État de l'actif et du passif de la cure ou succursale.

Voir les modèles que nous donnons pour la rédaction de ces deux pièces.

Si la cure est vacante, ou si le curé est lui-même donateur, l'acceptation provisoire se fait par le trésorier de la fabrique, agissant au nom des curés successifs.

Quand le legs ou la donation ont été approuvés par l'État, le curé doit remplir toutes les formalités que nous avons indiquées aux articles *Donations* et *Legs*.

V — EMPLOI DES FONDS LIBRES DE LA FABRIQUE

Quelques fabriques font des économies pour arriver à la reconstruction totale ou partielle de l'église ou du presbytère.

1° *Dépôt en compte courant au Trésor.*

1° Si l'on se propose de faire le travail dans un temps assez rapproché, il est plus avantageux de déposer les fonds libres en COMPTE COURANT AU TRÉSOR.

Cet emploi des fonds est 1° parfaitement légal : c'est celui qui est obligatoire pour les fonds libres des communes.

Les prêts faits par les Fabriques à des particuliers exposent au contraire la responsabilité personnelle des membres de la fabrique.

2° Il est très sûr ; et beaucoup plus sûr que la caisse de la Fabrique, quelque soigneusement gardée qu'on la suppose.

3° Il est avantageux, puisque l'État sert un intérêt annuel de 3 % pour le dépôt qui lui est fait.

Toute personne peut faire le dépôt chez le trésorier-payeur général ou chez le receveur particulier de l'arrondissement au nom de la fabrique, en énonçant bien, si c'est la première fois, que c'est un dépôt en *compte courant au Trésor* qu'on veut faire.

Le *Récépissé* doit être visé à la Préfecture ou à la Sous-Préfecture.

Tous les ans un compte du capital déposé et des intérêts produits est envoyé à la Fabrique.

Quand la Fabrique veut retirer en totalité ou en partie les fonds déposés en compte courant, elle doit en faire la demande à l'Évêché.

Monseigneur délivre un *mandat* qui, dûment signé par le trésorier de la Fabrique, est présenté à la recette générale ou particulière pour toucher les fonds dont on a besoin.

2° *Acquisition de rentes sur l'État*

Si l'on ne prévoit pas l'époque où pourront se faire les travaux projetés, il est plus convenable de placer les fonds disponibles en acquisitions de rentes sur l'État.

Pour obtenir l'autorisation, il faut produire :

1° **Une délibération, en double exemplaire, du Conseil de fabrique** faisant connaître que les fonds à placer proviennent d'économies réalisées et demandant l'autorisation d'en faire l'emploi en acquisition de rentes sur l'État.

2° **Copie du budget de l'exercice courant.**

3° **Certificat du dépôt à la mairie du dernier compte rendu** de la Fabrique.

Quand le décret ou l'arrêté préfectoral a autorisé la Fabrique à placer sur l'État le capital disponible, il suffit, pour opérer le placement, de remettre les fonds à la caisse du trésorier-payeur général ou du receveur particulier, avec l'expédition du décret ou de l'arrêté.

Quand les rentes acquises par les fabriques proviennent d'économies réalisées, le Gouvernement ne s'oppose pas à leur aliénation pour les besoins extraordinaires de l'église ou du presbytère.

Une demande régulière est faite dans ce cas, et un décret du Président de la République autorise l'aliénation.

VI — EMPRUNT

Les fabriques obtiennent facilement aujourd'hui l'autorisation de faire des emprunts. Voici les formalités à remplir pour obtenir cette autorisation :

1° **Délibération du Conseil de fabrique; en double exemplaire.**

Cette délibération doit faire connaître à quel établissement, Caisse des dépôts et consignations ou Crédit foncier, elle désire contracter cet emprunt, et l'emploi des fonds.

2° Si l'emprunt est fait à un particulier, on doit produire **l'engagement de la personne qui prête,** indiquant à quel taux et pour combien d'années le prêt est consenti.

Cet engagement doit être sur papier timbré de 0 fr. 60.

3° **Copies des comptes rendus des trois derniers exercices** visées par le maire qui atteste que ces copies sont bien conformes aux exemplaires déposés à la mairie.

4° **Copie du budget de l'exercice courant.**

5° **Tableau des recettes et des dépenses ordinaires** de la Fabrique pendant les trois dernières années.

Ce tableau a pour objet de bien établir qu'au moyen de son excédent ordinaire de recettes sur les dépenses, la fabrique est en état de payer l'annuité de remboursement de l'emprunt à contracter, principal et intérêts.

6° **Tableau de l'amortissement de l'emprunt.**

Nous donnons un modèle de ce tableau pour le Crédit foncier, pour la Caisse des dépôts et Consignations et pour un prêt fait par un particulier.

7° **Avis du Conseil municipal.**

EMPRUNT FAIT AU CRÉDIT FONCIER

Si la fabrique est autorisée à faire un emprunt et qu'elle désire le contracter au Crédit foncier, elle a encore quelques formalités à remplir. Elle doit produire :

1° **Une copie de la délibération par laquelle l'emprunt a été voté.**

Comme cette délibération énumère toutes les conditions de l'emprunt proprement dit, des paiements à faire, etc ; un modèle pourra lui être envoyé par le représentant du Crédit foncier.

2° **Copie du décret qui a autorisé la fabrique à faire l'emprunt.**

3° **Relevé des recettes et des dépenses de la**

Fabrique d'après le compte rendu des trois dernières années.

4° **Un état certifié des dettes qui grèvent déjà la Fabrique.**

5° **Le budget de l'exercice courant.**

Les fonds de l'emprunt sont touchés en numéraire chez le trésorier-payeur général : la Fabrique peut aussi verser chez le même les annuités du remboursement, mais vingt jours à l'avance, c'est-à-dire le 10 janvier et le 10 juillet, au lieu du 31 janvier et 31 juillet, le paiement se faisant par semestres.

Les conditions offertes par la Caisse des dépôts et Consignations sont un peu moins onéreuses; mais, si nous sommes bien informés, cette caisse demande que le Conseil municipal réponde de l'emprunt contracté par la fabrique, ce qui est souvent difficile à obtenir.

VII — ACQUISITIONS D'IMMEUBLES

Les pièces à fournir sont les suivantes :

1° **Délibération du Conseil de fabrique** faisant connaître les motifs de cette acquisition, et les ressources dont il dispose pour en payer les frais.

2° **Acte sous seings privés, et sur timbre, par lequel le vendeur consent à la vente moyennant un prix de .....**

3° **Plan figuré et détaillé des lieux.**

4° **Double estimation par deux experts,** l'un représentant la Fabrique et l'autre le vendeur.

Cette estimation, sur papier timbré, doit indiquer la contenance de l'immeuble et sa valeur soit vénale, soit locative.

5° **Certificat du conservateur des hypothèques** faisant connaître si l'immeuble est, ou non, grevé d'hypothèques.

6° **Copies du dernier compte rendu et du budget** de l'exercice courant.

7° **Avis du Conseil municipal.**

Il est quelquefois nécessaire de faire une acquisition sans qu'on puisse attendre l'autorisation de l'État, assez longue à obtenir. Ce cas se présente surtout quand un immeuble est vendu par adjudication.

Une personne peut alors, à ses risques et périls, se porter acquéreur, en stipulant expressément qu'elle le fait au nom de la Fabrique, sous la réserve de l'approbation de l'État qui sera sollicitée ; et déclarant acquérir en son nom privé, si cette autorisation est refusée.

Par ce moyen on évite un double droit qu'on aurait à payer si la même personne, achetant en son nom, faisait ensuite une vente ou une donation à la Fabrique.

Si l'acquisition ainsi faite n'est pas autorisée par l'État, l'acquéreur garde l'immeuble et en dispose comme bon lui semble.

VIII — ALIÉNATIONS D'IMMEUBLES

Le Gouvernement, tenant aujourd'hui à l'exécution stricte des articles organiques qui prohibent la reconstitution des biens de main-morte (1), accueille volontiers les demandes qui lui sont présentées pour l'aliénation des immeubles appartenant aux fabriques ou aux cures.

Les pièces à produire sont :

1° **Délibération du Conseil de fabrique** exposant les raisons qui le portent à demander l'aliénation de l'immeuble qu'il possède, et indiquant l'emploi qu'il désire faire du produit de la vente.

2° **Copie du budget de la Fabrique pour l'exercice courant.**

2° **Renseignements exacts et précis sur l'origine de la propriété** : copie du décret ou de l'ordonnance qui a autorisé l'acceptation de cet immeuble.

4° **Extrait de la matrice et du plan cadastral, sur timbre.**

5° **Procès verbal d'expertise, sur timbre.**

Il convient que le prix, fixé par l'expert, et qui servira

(1) Articles organiques nos 73 et 74.

pour la mise à prix aux enchères publiques, ne soit pas trop élevé. Un nouveau décret serait nécessaire pour obtenir l'autorisation de baisser la mise à prix, si aucun acquéreur ne s'était présenté.

6° **Avis du Conseil municipal.**

7° **Enquête de commodo et incommodo.** Cette enquête est prescrite par le Préfet. La fabrique n'intervient dans cette formalité que pour payer, quand on l'exige, les petits frais qu'elle entraîne.

On peut quelquefois obtenir l'autorisation de vendre l'immeuble de gré à gré, quand la Fabrique juge que ce mode d'aliénation est plus avantageux.

Dans ce cas, il faut ajouter au dossier un engagement sur timbre, par lequel l'acquéreur qu'on a trouvé indique les conditions et le prix auxquels il consent à traiter ainsi de gré à gré.

ALIÉNATION DE RENTES SUR L'ÉTAT

Les rentes sur l'État, qui sont grévées de fondations pieuses, ne peuvent être aliénées. Quand le revenu est plus considérable que les charges actuelles, le donateur a pu vouloir empêcher dans l'avenir toute réduction des services religieux qu'il demandait.

Quand la rente est libre de toutes charges, pour obtenir l'autorisation de la vendre, il faut produire :

1° **Une délibération du Conseil de fabrique en double exemplaire.**

2° **Une copie du titre de rente à aliéner.**

3° **Copie du budget de la Fabrique, exercice courant.**

4° **Certificat de dépôt du compte rendu à la mairie.**

5° **Avis du Conseil municipal.**

6° On prescrit toujours une **enquête de commodo et incommodo.**

IX — LOCATION DES BIENS DES FABRIQUES

1° On dresse un **cahier des charges de la loca-**

tion qu'on veut faire. Ces charges sont ordinairement celles qu'on a l'habitude d'insérer dans les baux.

2° **La Fabrique prend une délibération** pour demander à mettre en adjudication le bail de la propriété qu'elle possède.

Ces pièces sont transmises à la Préfecture par l'intermédiaire de l'Évêché.

X — VENTE D'UNE COUPE DE BOIS

1° **Cahier des charges de cette coupe de bois,** d'après les usages locaux, indiquant le temps où l'on pourra la faire, les mesures à prendre pour enlever le bois, afin d'éviter toute détérioration de la propriété.

2° **Délibération du Conseil de fabrique** demandant à vendre la coupe de bois et indiquant l'usage qu'il veut faire du produit de la vente.

Ces pièces sont envoyées à la Préfecture par l'intermédiaire de l'Évêché.

XI — LEGS

Les notaires étant obligés, suivant les dispositions de l'article 58 du décret du 30 décembre 1809, après la mort du testateur, de donner avis au curé de toute disposition testamentaire dont ils ont reçu l'acte, il importe beaucoup de remplir immédiatement les formalités administratives nécessaires pour que la Fabrique obtienne l'autorisation d'accepter le legs qui lui a été fait.

Ces formalités consistent dans l'envoi à l'Évêché d'un dossier qui sera transmis successivement à la Préfecture, au Ministre des cultes et enfin au Conseil d'État. Ce dossier doit comprendre :

1° **La copie du testament dans son entier, ou un extrait de ce testament, l'une et l'autre délivrés par le notaire sur papier timbré.**

Si le notaire n'a crû devoir délivrer qu'un extrait, il faut du moins qu'il y joigne une attestation pour constater qu'aucun autre legs n'a été fait au profit d'autres établissements publics. — Le Gouvernement exige, avec raison, qu'une seule instruction administrative soit faite pour tous les legs de la même personne susceptibles d'être approuvés par l'État.

2° Copie du même testament sur papier libre.

Cette copie peut être faite par le notaire. S'il ne croit pas pouvoir la donner, elle peut être faite par toute autre personne, sur papier de la dimension semblable à celle des actes notariés, pourvu que cette copie soit bien exacte, entière et comprenant même les mentions de l'enregistrement.

Elle sert à obtenir le renvoi par le Ministre des cultes de la copie sur papier timbré, délivrée par le notaire, dont la Fabrique aura besoin.

3° Acte de décès du testateur, délivré par le maire sur papier timbré.

4° Consentement du légataire universel, s'il y en a un, à la délivrance future des legs particuliers. — Ce consentement est nécessaire, mais ne remplace point celui des héritiers naturels dont nous allons parler.

5° Consentement par les héritiers naturels à l'exécution des volontés du testateur.

Par héritiers naturels, on entend ceux qui auraient hérité si le testateur était mort sans faire de dispositions testamentaires. Il arrive assez souvent que ces héritiers sont complètement exclus de la succession, et que par suite de l'institution d'un légataire universel, en paisible possession, il n'aient aucun intérêt à s'en occuper : le Gouvernement n'exige pas moins qu'ils soient mis en demeure de donner leur avis sur les legs faits aux établissements publics.

Ce consentement n'est pas une délivrance de legs, qui ne peut être faite qu'après l'autorisation d'accepter donnée par l'État, mais une simple déclaration que les héritiers ne s'opposent pas à l'exécution des volontés du testateur.

Il doit être sur papier timbré de 0 fr. 60 : on doit avoir soin de faire légaliser la signature de l'héritier par le maire de la commune, afin de donner à la signature un caractère d'authenticité.

A plus forte raison, il peut être donné par acte notarié. Une délivrance de legs, consentie d'avance par les héritiers naturels, remplace évidemment le consentement. Dans ce cas, cet acte notarié est joint au dossier.

Si par mauvaise volonté ou seulement par indifférence, les héritiers ne répondent pas, il faut les mettre en demeure de le faire par le ministère d'un huissier, qui fait connaître à chacun des héritiers les dispositions testamentaires faites en faveur de la Fabrique, et les invite à donner leur consentement dans un délai de quinze jours ou d'un mois, ou à faire connaître les raisons de leur opposition par un mémoire adressé au Préfet du département ou au Ministre des cultes.

Si les héritiers sont inconnus, ou si leur domicile n'est pas connu, un extrait sommaire du testament sera affiché de huitaine en huitaine, et à trois reprises consécutives, à la mairie du domicile du testateur, et insérée dans le journal judiciaire de l'arrondissement, avec invitation aux héritiers d'adresser au Préfet ou au Ministre des cultes, dans le même délai, les réclamations qu'ils auraient à présenter.

6° Renseignements sur les héritiers naturels et sur la situation pécuniaire du testateur.

Il convient que la Fabrique fasse connaître, autant que possible, surtout par les renseignements que lui fournira le notaire chargé des intérêts de la succession :

1° La valeur approximative de la succession ;

2° La fortune présumée des héritiers naturels ; leur nombre, leur degré de parenté, en distinguant exactement ceux qui appartiennent à la branche paternelle et ceux du côté maternel.

Les documents sont surtout d'une grande importance quand il y a réclamation de la part des héritiers naturels. Ayant eu connaissance, ou officiellement ou même simplement officieusement, des réclamations de ces héritiers, la Fabrique devra, par une délibération régulière, répondre aux allégations en faisant connaître les raisons que le testateur peut avoir eues de priver ses héritiers d'une partie de sa fortune.

7° Procès verbal estimatif des objets légués.

1° Si le legs consiste en un immeuble, l'estimation doit

être faite par un expert, ou toute autre personne capable, sur une feuille de papier timbré de 0 fr. 60. Le procès verbal estimatif devra contenir une description de l'immeuble et sa double valeur vénale et locative. Il convient d'y joindre un plan extrait du plan cadastral.

2° Si le legs consiste en objets mobiliers, on peut produire, comme estimation, un extrait de l'inventaire notarié, ou une estimation, sur papier timbré de 0 fr. 60, par toute personne capable, faite de ces objets : meubles, linge, livres, ornements ou vases sacrés, etc., etc. L'énumération peut en être très sommaire.

8° **Délibération du Conseil de fabrique.**

La délibération doit faire connaître exactement, quoique sommairement, les conditions du legs, ses charges, ses avantages.

Quand il y a charge de services religieux, la Fabrique doit en établir les frais d'après le tarif diocésain, en ayant égard au nombre des employés, qui est plus ou moins grand dans chaque paroisse, aux habitudes de la localité pour la fourniture du luminaire, des tentures, etc.

Le gouvernement n'autorise plus aujourd'hui les Fabriques à accepter des immeubles que dans des cas exceptionnels. Lorsqu'un immeuble a été légué, la Fabrique devra donc demander à l'aliéner et à placer le produit de la vente en acquisition de rentes sur l'État.

Cette même demande sera faite pour les capitaux légués, surtout s'il y a charge de services religieux.

9° **Copie du budget de l'exercice courant,** sur une formule imprimée, du modèle indiqué par le Ministère des cultes (1).

10° **Certificat de dépôt à la mairie du dernier compte rendu de la Fabrique.**

11° **États des fondations religieuses qui existent déjà dans la Fabrique légataire.**

Un tableau des fondations religieuses doit être affiché dans la sacristie : on en peut donner une copie, ou un ré-

(1) Dans plusieurs diocèses on fournit un état de l'actif et du passif de la Fabrique. Jusqu'à ce moment on ne l'a pas exigé au Mans.

sumé, si cette copie était trop étendue. Nous donnons plus loin un modèle de cet état.

12° **Personnel du clergé.**

Sous ce titre on demande qu'on fasse connaître, s'il y a lieu, le nombre des prêtres qui desservent une paroisse : curé, vicaires, prêtre sacristain, prêtres habitués, professeurs à la maîtrise, etc.

13° **Extrait du tarif diocésain pour les fondations.**

14° **Avis du Conseil municipal.**

NOTA. — I. *Comme plusieurs de ces formalités sont onéreuses, il importe beaucoup qu'il y ait entente entre les divers établissements légataires pour les faire remplir. Le Gouvernement exige d'ailleurs qu'il n'y ait qu'un seul dossier pour toutes les libéralités faites à divers établissements publics par un même testateur.*

II. *Lorsque les legs ne consistent qu'en objets mobiliers et que les héritiers ou légataires universels consentent à en faire la remise, l'on peut se dispenser de remplir ces formalités, pourvu cependant que les legs ne soient pas chargés de fondations pieuses à perpétuité ou même pour un long temps.*

ENTRÉE EN POSSESSION DU LEGS

1° Les droits de mutation ne sont dus par la Fabrique que dans un délai de six mois à partir de la date du décret qui a autorisé l'acceptation du legs. Il serait imprudent de les payer avant l'autorisation obtenue, qui peut toujours être refusée; mais comme les héritiers naturels ont fait, en totalité ou en partie, l'avance de ces frais, il convient de hâter le remboursement de ce qu'ils ont avancé.

2° Les droits de mutation et les honoraires du notaire sont à la charge de l'établissement légataire, à moins de stipulation expresse contraire du testateur qui l'en exempte. Dans ces cas même, les frais que peut entraîner l'instance administrative, comme production de pièces notariées ou significations aux héritiers par actes extrajudiciaires, etc., restent à la charge de la Fabrique.

3° Conformément à la jurisprudence administrative c'est le **Trésorier** qui est autorisé à accepter le legs fait à la Fabrique.

Le trésorier doit s'empresser de remettre au notaire, chargé de régler les affaires de la succession, la copie authentique du décret qu'il a reçue de la Préfecture par l'intermédiaire de l'Évêché, et de faire une demande en délivrance de legs.

C'est à partir seulement du jour de la demande de cette délivrance de legs que la Fabrique a droit aux revenus des immeubles légués, ou aux intérêts des sommes dues. Elle ne peut faire cette demande qu'après avoir reçu de l'État l'autorisation d'accepter.

4° Si le legs consiste dans un immeuble, après l'acte régulier de délivrance de legs, le notaire s'occupera des formalités de l'enregistrement et de la transcription au bureau des hypothèques.

5° Quand le legs consiste dans un capital, le notaire s'occupe quelquefois lui-même d'opérer le placement en acquisitions de rentes sur l'État. S'il ne prend pas ce soin, le trésorier devra se procurer une copie authentique du décret et la remettre, avec le capital légué, soit au trésorier-payeur général, soit au receveur particulier de l'arrondissement, pour opérer le placement sur l'État. On lui délivre un reçu qu'il échange deux ou trois semaines plus tard avec le titre de rente.

Lorsque le capital placé n'est pas exactement celui qui est indiqué dans le décret, par suite de réduction du legs ou du prélèvement des frais, on exige un certificat du Préfet attestant quel est le chiffre exact du placement à faire.

Les décrets d'autorisation portent aujourd'hui que la Fabrique devra justifier auprès du Préfet que le placement prescrit a été opéré. Une lettre du trésorier de la fabrique, transmise à la Préfecture par l'intermédiaire de l'Évêché, suffit pour cette justification.

6° Si on a légué à la Fabrique un titre de rente nominatif ou au porteur, le trésorier devra remettre ce titre au trésorier-payeur général ou au receveur de l'arrondissement, avec la copie du décret, pour obtenir que le titre légué soit immatriculé au nom de la Fabrique légataire.

7° Il peut arriver enfin que le légataire universel ou les héritiers naturels refusent la délivrance du legs.

Le Conseil de fabrique doit prendre une délibération pour solliciter du conseil de Préfecture l'autorisation d'ester en justice. Cette délibération, en double exemplaire, à laquelle on joint une copie du testament et une copie du décret autorisant l'acceptation, est adressée à l'Évêché et transmise ensuite à la Préfecture.

Cette autorisation ne saurait être refusée par la Préfecture.

Quand la Fabrique l'a reçue, le Trésorier doit, par le ministère d'un avoué, s'adresser au Tribunal civil pour obtenir la délivrance du legs, et suivre la procédure ordinaire.

XII — LIBÉRALITÉ EN FAVEUR D'UNE ANNEXE OU D'UNE CHAPELLE DE DÉVOTION

Les annexes sont les églises des communes réunies pour le spirituel à une autre commune. Des dons ou des legs peuvent être faits en leur faveur, pour leur entretien ou pour la fondation de services religieux. Il en est de même pour les chapelles de dévotion :

Ces dons ou legs doivent être acceptés par la Fabrique du chef-lieu de la cure ou succursale, mais au profit exclusif de l'église annexée ou de la chapelle.

Il faut joindre aux pièces à fournir pour les legs ou donation :

1° **Une demande d'érection en chapelle de secours.**

Cette demande doit être formulée par le Conseil municipal de la commune, unie pour le culte à l'église chef-lieu de la succursale. La délibération à produire, dans ce cas, doit renfermer l'engagement de pourvoir à l'entretien de l'église à ériger et aux dépenses du culte, en cas de l'insuffisance des ressources ordinaires.

2° **Une délibération du Conseil de fabrique** du chef-lieu de la succursale formulant la même demande et souscrivant l'engagement de régir temporellement la dite annexe.

3° **Un inventaire de mobilier**, destiné à constater qu'elle est suffisamment pourvue des objets nécessaires à l'exercice du culte.

4° **Un état des ressources et des dépenses présumées de l'annexe ou de la chapelle.**

5° **Un certificat de l'agent-voyer cantonal établissant la distance qui sépare l'église annexée de celle du chef-lieu de la succursale.**

Le Gouvernement statue, par un même décret, sur l'autorisatiou d'accepter la libéralité dont il s'agit, et sur l'érection en chapelle de secours.

Si déjà l'annexe ou la chapelle de dévotion ont été érigées en chapelle de secours, il suffit de rappeler, dans la délibération prise pour accepter la nouvelle libéralité, la date du décret d'érection, et de joindre au dossier une copie de ce décret.

Il serait à désirer que toutes les annexes et chapelles de dévotion fussent régulièrement érigées en chapelles de secours : on peut profiter de toutes les occasions qui se présentent pour solliciter cette érection.

XIII — LIBÉRALITÉS FAITES A DES COMMUNES OU A DES BUREAUX DE BIENFAISANCE A CHARGE DE SERVICES RELIGIEUX

Les Fabriques doivent accepter le bénéfice qui en résulte pour elles et qui est déterminé par le tarif spécial des fondations religieuses, approuvé par l'État.

La Fabrique n'a pas à fournir l'acte notarié de donation ou les testaments, non plus que le certificat de vie du donateur ou l'acte de décès, ni les autres pièces relatives aux héritiers.

Quand le Conseil municipal ou le bureau de bienfaisance ont accepté le legs ou la donation qui leur sont faits, le dossier est communiqué au conseil de fabrique qui doit fournir les pièces suivantes :

1° **Délibération, en double exemplaire, du**

Conseil de fabrique acceptant le bénéfice du legs ou de la donation, et indiquant, d'après le tarif diocésain, la rente qui doit être payée chaque année au trésorier pour les frais des services religieux.

2° **Copie du budget de la fabrique pour l'exercice courant.**

3° **Certificat de dépôt à la mairie du dernier compte rendu de la fabrique.**

4° **État des fondations religieuses qui existent déjà dans l'église.**

5° **État du personnel du clergé de la paroisse.**

6° **Extrait du tarif diocésain.**

XIV — LEGS OU DONS FAITS AUX COMMUNAUTÉS

Les formalités essentielles sont les mêmes que celles indiquées pour les Fabriques.

La Communauté doit produire en outre :

1° **Une délibération de son Conseil d'administration.**

2° **Un état de son actif et de son passif.** Les modèles des formules à remplir ont été donnés par le Ministère des cultes.

3° **Copie du budget de l'année courante.**

NOTA. — *Si le legs ou la donation sont en faveur d'un établissement particulier, on doit produire l'état de l'actif et du passif et le budget et de cet établissement particulier et de la maison-mère.*

4° **Copie des statuts légaux de la communauté**, et de **l'ordonnance ou du décret** qui a reconnu son existence légale.

5° **Copie du décret ou de l'ordonnance qui a donné une existence légale à l'établissement particulier.**

Cette dernière pièce est quelquefois difficile à fournir, le Gouvernement ayant cessé, il y a 20 ou 25 ans, d'accorder une reconnaissance légale aux établissements particuliers qui recevaient des legs ou des donations.

6° On a exigé quelquefois l'acceptation provisoire du legs ou de la donation par la supérieure de l'établissement particulier et son conseil ; ce qui ne se faisait jamais autrefois, et avec raison, puisque chaque maison particulière dépend absolument de la supérieure générale. C'est toujours encore cette dernière qui est autorisée par le décret à accepter le legs ou la donation faits au profit de l'établissement particulier.

XV — REMBOURSEMENT DE RENTES SUR PARTICULIERS

D'après la loi du 18 décembre 1790, toutes les rentes sont essentiellement rachetables. Les fabriques ne peuvent donc qu'accepter les remboursements proposés, dans le cas même où, par suite de ce remboursement, leurs revenus seraient diminués.

Les rentes en argent sont remboursables au denier vingt : celles qui sont soumises à la retenue du cinquième, ne doivent pas supporter cette retenue, en cas de remboursement, et le capital à rembourser est calculé sur la rente totale, sans retenue.

Les rentes en nature sont remboursables au denier vingt-cinq. Pour ces rentes, il faut joindre aux pièces, indiquées ci-dessous, un état des mercuriales du marché voisin, durant les quatorze dernières années : on en retranche les deux plus fortes et les deux plus faibles. Le capital se règle en prenant la moyenne des dix autres années.

Pour obtenir le remboursement on doit fournir :

1° **Une double demande du débiteur**, l'une sur papier timbré de 0 fr. 60, l'autre sur papier libre, à l'effet de rembourser la rente qu'il doit.

2° **Délibération du Conseil de fabrique**, en double exemplaire, indiquant l'origine de la rente, faisant connaître si elle est chargée ou non de services religieux, acceptant le remboursement, accordant main-levée de l'inscription hypothécaire qui a pu être prise pour garantie, et demandant à placer sur l'État le capital remboursé.

3° **Titre constitutif de la rente.**

4° Copie de la quittance du dernier versement, fait par le débiteur, des arrérages de la rente.

Quand le Préfet a accordé l'autorisation de recevoir le remboursement, l'arrêté préfectoral est remis au notaire chargé de remplir les formalités du remboursement proprement dit et de la main-levée des hypothèques. Une copie authentique du même arrêté est nécessaire aussi au trésorier de la Fabrique pour opérer le placement en acquisition de rentes sur l'État du capital remboursé.

XVI — TRAVAUX POUR ÉGLISES OU PRESBYTÈRES

On demande tout d'abord que le Conseil de fabrique prenne une délibération régulière pour faire le choix d'un architecte et ensuite, pour déterminer les travaux qu'il désire entreprendre et fixer le chiffre de la dépense qu'il peut faire.

Cette première délibération est d'une grande utilité.

Il est arrivé plusieurs fois que des architectes, invités *officieusement* par quelques membres de l'administration municipale ou de la Fabrique, préparaient des plans et devis qui n'étaient point conformes aux désirs de la Fabrique, et demandaient plus tard des honoraires qu'on n'était pas disposé à leur payer.

Les honoraires sont dus à l'architecte pour tout travail demandé, même quand il n'est pas mis à exécution. Il importe donc beaucoup qu'il n'y ait aucun malentendu, et que la Fabrique, désirant dépenser 10,000 francs, ne soit pas exposée à payer des honoraires pour un travail de 20,000 ou 30,000 francs.

Le programme des travaux à exécuter est fait après une entente avec l'architecte choisi.

Voici l'énumération des formalités à remplir pour obtenir l'autorisation de faire des travaux à l'église ou au presbytère, et pour solliciter, s'il y a lieu, un secours de l'État.

1° Pièces à fournir par un architecte :

1° Rapport sur l'état de l'église ou du presbytère et sur la nature des travaux qu'on désire faire.

2° **Plans.**

3° **Devis.**

Quand le travail est important, il y a avantage et économie réelle à s'adresser à un architecte pour faire étudier sérieusement le projet. Si l'on se contente d'un ouvrier, reconnu très capable, il faut que les plans qu'il présente, dressés d'après les usages adoptés par les architectes, soient faciles à comprendre par ceux qui auront à les examiner.

2° **Délibération du Conseil de fabrique en double exemplaire.**

Cette délibération doit faire connaître la nécessité du travail projeté et approuver le projet présenté par l'architecte. Il importe surtout beaucoup qu'elle indique clairement les ressources dont elle dispose pour faire face à la dépense ; et, si une demande de secours est faite à l'État, qu'on fasse valoir les sacrifices que la Fabrique et les habitants s'imposent.

3° **Copie du budget pour l'exercice courant, et copie du dernier compte rendu.**

4° **Certificat de dépôt à la mairie de ce dernier compte rendu.**

5° **Justification des ressources énoncées dans la délibération de la Fabrique.**

1° Souscriptions — Voir le modèle que nous donnons pour une liste de souscriptions.

2° Emprunt — Voir l'énumération des pièces à fournir pour obtenir l'autorisation de contracter un emprunt.

3° Vente d'un immeuble ou de rentes sur l'État. — Voir l'article relatif aux formalités à remplir pour obtenir l'autorisation de faire ces ventes.

4° Secours demandé à l'État.

6° **Avis du Conseil municipal.**

NOTA. — *Les travaux des églises et des presbytères doivent être donnés à l'adjudication. On autorise cependant quelquefois un marché de gré à gré, pour des travaux moins importants, ou qui demandent une compétence spéciale. Le Conseil de fabrique doit, dans ce cas, en faire la demande formelle, et produire un engagement sur papier timbré, de l'entrepreneur de faire les travaux aux conditions du devis, pour un prix de.....*

XVII — EXÉCUTION DES TRAVAUX — RÉCEPTIONS

1° Pour éviter bien des difficultés, il importe que les Fabriques suivent exactement, dans l'exécution des travaux, les plans et les devis qui ont reçu l'approbation de l'autorité supérieure.

Si des modifications ou des additions sont jugées nécessaires, il faut qu'elles soient votées par le Conseil de fabrique dans une délibération régulière ; que l'architecte fasse un plan et un devis supplémentaires, et que les nouveaux travaux soient régulièrement approuvés.

Si l'on agit autrement, la Fabrique, ou la personne qui a commandé les travaux non prévus au devis, peuvent éprouver de la part de l'architecte ou de l'entrepreneur, pour le règlement des travaux, des difficultés dont on ne sait plus comment sortir.

2° Un premier règlement de compte et une réception provisoire des travaux sont faits par l'architecte après que les travaux sont terminés.

Le procès verbal, sur papier timbré, est signé par l'architecte, par l'entrepreneur, par le président du Conseil de fabrique et par le maire, auquel on a toujours réservé, dans l'approbation préfectorale, un droit de contrôle.

Le procès verbal, auquel on doit joindre : 1° les plans et devis du projet approuvé par la Préfecture, et 2° une délibération du Conseil de fabrique approuvant le règlement du compte, et s'il y a lieu, votant les fonds pour achever le paiement, est envoyé à l'Évêché pour être transmis à la Préfecture.

3° Un peu plus tard, l'architecte envoie le procès verbal de réception définitive des travaux, qui est approuvé comme le premier, à la Préfecture, mais sans les autres pièces justificatives.

C'est après l'approbation de ce second procès verbal que l'entrepreneur peut retirer son cautionnement, s'il en a déposé un, suivant les dispositions de la loi.

MODÈLES

I

ÉTAT DE L'ACTIF ET DU PASSIF

De la Cure de ou de la Succursale de

1° ACTIF

Le Curé de jouit en cette qualité :	F.	C.
1° D'un champ légué par M. suivant son testament en date du , estimé à un revenu annuel de.......	100	»
Ce legs a été autorisé par décret impérial en date du		
2° D'une rente sur l'Etat, donnée par M. par acte entre-vifs, en date du . Cette donation a été autorisée par ordonnance royale en date du	160	»
3° D'une rente sur particulier, etc., etc..............	50	»
4° D'une maison léguée, etc., produisant un revenu annuel de..	200	»
5° Etc., etc., etc.		
TOTAL.......	510	»

2° PASSIF

Le Curé de est tenu aux obligations suivantes :	F.	C.
1° De faire acquitter chaque année, à perpétuité, un service de classe à l'intention de M. dont les frais s'élèvent, suivant le tarif, à.....................	20	50
2° De célébrer chaque semaine deux messes chantées à l'intention de M	208	»
3° De distribuer aux pauvres chaque année.........	110	»
4° De payer les contributions, les impôts divers, les frais d'entretien des immeubles........................	50	75
5° Etc., etc., etc.		
TOTAL.......	389	25

Certifié par Nous, curé de

A , *le*

OBSERVATIONS

1° Il faut autant que possible indiquer exactement la personne qui a fait le don ou le legs, la date du testament ou de l'acte de donation, et la date de l'ordonnance royale ou du décret qui a autorisé l'acceptation du legs ou de la donation.

2° Dans l'article *Passif*, il importe de faire connaître le nom des fondateurs pour lesquels les services religieux sont célébrés, et le montant d'après le tarif des frais de ces services.

3° Si M. le curé ne jouit d'aucun revenu et qu'il n'ait aussi par conséquent aucune charge, il suffira, en ayant soin de mettre en tête : *État de l'actif*, etc., de faire une déclaration comme il suit :

« *Le Curé de , (ou le Desservant de la succursale de) atteste qu'en cette qualité, il ne possède aucun revenu soit en biens fonds, soit en rentes sur l'État ou sur particuliers.* »

« *Il n'a non plus à supporter aucune charge en la même qualité.*

Certifié à , le . Signé : N....., *curé ou desservant de.....*

II

Acceptation par le curé de
ou par le desservant de

Nous curé de (ou desservant de) agissant en cette qualité ;

Vu l'acte de donation en date du (ou le testament fait le par M.) — *Copier intégralement et bien exactement les dispositions de l'acte de donation ou du testament.*

Considérant l'avantage qui en résultera pour la cure ou la succursale de

Déclarons accepter en notre nom et au nom de nos successeurs les curés de (ou desservants de) le legs (ou la donation) de M. et en la même qualité nous nous engageons à en remplir fidèlement toutes les conditions.

Fait à le

III

Modèle du contrat commutatif (1)

Entre les soussignés :

M. X. (nom et prénoms) rentier, demeurant à Paris, rue de..... d'une part ;

Et M. C.-A. H., négociant, demeurant à Paris, rue de....., agissant en qualité de trésorier de la fabrique de l'église paroissiale de Saint-Jacques du Haut-Pas, et en vertu d'une autorisation du Conseil de fabrique du 17 avril courant, d'autre part ;

A été convenu et arrêté ce qui suit :

M. X.... voulant établir dans l'église Saint-Jacques du Haut-Pas une fondation de services religieux (douze messes par an) à célébrer chaque année, à perpétuité, et considérant qu'une somme annuelle de soixante francs est suffisante pour assurer actuellement, au taux du tarif diocésain, la célébration de ces messes, a proposé à la dite fabrique de se charger de cette fondation, et lui a offert en compensation une rente trois pour cent sur l'État de soixante francs, représentée par deux titres au porteur, l'un de cinquante francs, inscrit au grand livre de la Dette publique sous le n°...., et l'autre de dix francs, inscrit sous le n°....

M. H....., trésorier de la fabrique, aux noms et qualités ci-dessus, accepte, aux conditions imposées, l'offre de M. X....., sous la réserve de l'approbation du Gouvernement qui rendra la présente fondation définitive.

Les messes fondées par le présent acte devront être célébrées spécialement à l'intention de (suit l'indication des noms et prénoms des père et mère de M. X....) et généralement de tous les membres défunts des familles paternelle et maternelle du fondateur, ainsi que de lui-même après sa mort.

Fait double à Paris, le 30 avril 1887.

Approuvé :	Approuvé :
Signé : X.....	*Signé :* H....., *trésorier.*

(1) Nous avons pris ce modèle dans le *Journal des Conseils de fabrique*, livraison de Février 1888, p. 32.

Le décret du Président de la République, en date du 31 octobre 1887, porte.

Article premier : « Est approuvée la convention résultant d'un acte sous seings privés du 30 avril 1887, par laquelle le sieur X... s'est engagé à remettre à la fabrique de l'église succursale de Saint-Jacques du Haut-Pas, à Paris (Seine) deux rentes sur l'État, au porteur, l'une de 50 francs et l'autre de 10 francs, à la charge de faire célébrer douze messes par an, à perpétuité.

« Les dites rentes seront réunies en une seule inscription qui sera immatriculée au nom de la fabrique de Saint-Jacques du Haut-Pas, à Paris, avec mention de la destination des arrérages... »

Il résulte des termes mêmes du décret que le contrat du 30 avril 1887 est devenu définitif, sans qu'il soit nécessaire d'une acceptation ultérieure du trésorier. Lorsqu'il s'agit du legs ou de donations, le décret porte au contraire : *Le Trésorier est autorisé à accepter*; tandis que nous avons ici : *Est approuvée* la convention, etc. Dans le cas où celui qui a fait la convention viendrait à décéder avant l'approbation de l'État, cette convention n'obtiendrait pas moins tout son effet.

Si la Fabrique voulait donner un caractère authentique au traité passé par acte sous seings privés, elle pourrait toujours le déposer chez un notaire qui dressera acte de ce dépôt, et pourra ensuite délivrer successivement autant d'expéditions que besoin en sera.

Si le fondateur voulait offrir une rente supérieure à celle fixée par le tarif actuellement en usage, il pourrait adopter la rédaction suivante, proposée aussi par le *Journal des Conseils de fabrique*, année 1885, page 121 :

« Le sieur... voulant établir dans l'église de... une fondation de... « messes à célébrer chaque année, à perpétuité, pour le repos des « âmes de.... et pensant qu'une somme annuelle de... francs est « suffisante, non seulement pour assurer actuellement, au taux du « tarif diocésain, la célébration de ces messes, mais encore pour « satisfaire dans l'avenir aux exigences résultant de la dépiécia- « tion monétaire et des changements qu'elle pourrait faire appor- « ter au tarif du diocèse, propose à la fabrique de... »

IV

État des fondations religieuses dans l'église paroissiale de.....

1° Un service anniversaire de 2e classe le premier jeudi du mois de juin pour M..... Legs du..... autorisé par décret du.....

2° Deux services de 4e classe pour M. et Mme..... Donation du..... autorisée par ordonnance royale du.....

3° Quatre messes basses recommandées pour les anciens bienfaiteurs de l'église. Fondations antérieures à la Révolution; ordonnance épiscopale du..... réduisant ces fondations.

4° Une messe chantée chaque semaine pour...... Legs du...... Décret du......

A........, le........ 188..

Certifié par Nous, curé de.....

V

Souscriptions recueillies par la fabrique de..... pour la reconstruction de l'église paroissiale de..... pour l'achat de nouvelles cloches, etc.

No d'ordre	NOMS PRÉNOMS et QUALITÉS	DOMICILE	MONTANT ou NATURE de la souscription	SIGNATURE du SOUSCRIPTEUR	OBSERVATIONS

Certifié par nous membres du Conseil de fabrique de l'église de.....

Le Président, *Le Trésorier*,

Cette liste de souscriptions doit être faite sur papier timbré d'au moins 0 fr. 60.

Si les souscriptions avaient été recueillies sans qu'on demandât les signatures des souscripteurs, et avaient été versées entre les mains du trésorier, il suffirait d'établir une liste des principales, et, pour le reste, que les membres du Conseil de fabrique ou l'un d'entre eux se rendissent responsables du chiffre de souscriptions annoncées.

Si un bienfaiteur s'engage, soit à donner une somme à la fabrique, soit à lui faire une avance sans aucun intérêt, remboursable par annuités de....., il doit constater cet engagement sur une feuille de papier timbré de 0 fr. 60.

VI — TABLEAU D'AMORTISSEMENT

EMPRUNT DE 1.000 FRANCS	ANNUITÉS à payer			
	au Crédit foncier 4 75 %		à la Caisse des Dépôts et CONSIGNATIONS 4 50 %	
1° Remboursable en cinq annuités.				
1re annuité, comprenant capital et intérêts.	227	79	227	04
2e — — —	227	79	227	04
3e — — —	227	79	227	04
4e — — —	227	79	227	04
5e — — —	227	79	227	04
TOTAUX..........	1.138	95	1.135	20
2° Remboursement en 10 années.				
1re annuité, comprenant capital et intérêts.	126	78	126	37
2e — — —	126	78	126	37
3e — — —	126	78	126	37
4e — — —	126	78	126	37
5e — — —	126	78	126	37
6e — — —	126	78	126	37
7e — — —	126	78	126	37
8e — — —	126	78	126	37
9e — — —	126	78	126	37
10e — — —	126	78	126	37
TOTAUX.............	1.267	80	1.263	70
3° Remboursement en 15 années.				
1re annuité, comprenant capital et intérêts.	93	96	93	11
2e — — —	93	96	93	11
3e — — —	93	96	93	11
4e — — —	93	96	93	11
5e — — —	93	96	93	11
6e — — —	93	96	93	11
7e — — —	93	96	93	11
8e — — —	93	96	93	11
9e — — —	93	96	93	11
10e — — —	93	96	93	11
11e — — —	93	96	93	11
12e — — —	93	96	93	11
13e — — —	93	96	93	11
14e — — —	93	96	93	11
15e — — —	93	96	93	11
TOTAUX...............	1.409	40	1.396	65

La Caisse des dépôts et consignations ne prête que pour 15 ans au maximum. Le Crédit foncier prête pour 50 ans. Voici les indications sommaires des annuités et du capital total à rembourser pour un emprunt de 1.000 fr. Ils suffisent pour montrer qu'il est d'une très mauvaise administration de contracter un emprunt pour un temps prolongé.

Emprunt fait pour 20 ans.	Annuité 78 »	Capital total payé	1.560 08
— 30 —	— 62 87	—	1.886 28
— 40 —	— 56 07	—	2.243 »
— 50 —	— 52 52	—	2.626 »

AMORTISSEMENT

D'UNE SOMME DE 1.000 FR. A 5 °/o (1)

	EMPRUNT A UN PARTICULIER		
	Capital remboursable	Intérêts	Sommes payées
1° En cinq annuités			
1re annuité	200	50	250
2e —	200	40	240
3e —	200	30	230
4e —	200	20	220
5e —	200	10	210
Totaux	1.000	150	1.150
2° En dix annuités			
1re annuité	100	50	150
2e —	100	45	145
3e —	100	40	140
4e —	100	35	135
5e —	100	30	130
6e —	100	25	125
7e —	100	20	120
8e —	100	15	115
9e —	100	10	110
10e —	100	5	105
Totaux	1.000	275	1.275

(1) Si l'intérêt n'était qu'à 4 ou 4 1/2 °/o le calcul serait très facile à faire et à établir dans un tableau semblable d'amortissement.

TABLE

MODÈLES

LE MANS — TYPOGRAPHIE ED. MONNOYER

www.ingramcontent.com/pod-product-compliance
Lightning Source LLC
LaVergne TN
LVHW020305230826
846091LV00006B/2529
9782013375672